資本與意識形態

CAPITAL ET
IDÉOLOGIE

THOMAS
PIKETTY

導讀

別冊

著 托瑪・皮凱提

譯 徐麗松 陳郁雯
陳秀萍
黃明玲

目 次

各界讚譽推薦

皮凱提的巨著將全球歷史連結在一起，向讀者展示千變萬化的政治思想如何在過去五百年塑造各式各樣的不平等制度。《資本與意識形態》充分體現了歷史分析的力量，賦予我們更多勇氣，去想像改變的可能性。這是一本論據豐富龐大的傑作，由當代最有影響力的思想家撰寫而成，是任何致力於解決當前困境者的必讀之作。

　　　　　　　　——貝克特（Sven Beckert），哈佛大學經濟史學者

沒有制度是不可改變或命中注定。本書向人類歷史上的多元經驗學習，指出超級資本主義與致災性共產主義之間，仍舊存在其他可能。這樣的未來，唯有靠我們自己爭取。

　　　　　　　　——杜芙洛（Esther Duflo），諾貝爾經濟學獎得主

政治人物若不希望執政曇花一現，最好都要讀一讀本書的主要論點。
　　　　　　　　——戴維斯（Howard Davies），倫敦政經學院院長

一如《二十一世紀資本論》改變經濟學家與經濟學，皮凱提的新著《資本與意識形態》是一項巨大的成就，勢必改變政治學家看待政治學的方式。
　　　　　　　　——米蘭諾維奇（Branko Milanović），世界銀行前首席經濟學家

影響力可能超越《二十一世紀資本論》……本書讓我們明白，如今正是改變分配不均的關鍵時刻，以及我們會需要落實哪些政策。

—— 《金融時報》（ *Financial Times* ）

不可忽視的驚人壯舉，一項拒斥簡化比較的社會科學實驗。本書對歷史證據近乎特異的偏執野心，相較於寫下《資本論》的卡爾·馬克思，精神上或許更接近於《我的奮鬥》的卡爾·奧韋·克瑙斯高。

—— 《衛報》（ *The Guardian* ）

值得敬佩的是，皮凱提修正了西方經濟學常見的歐洲中心論，將眼光拉到更長遠的全球歷史。在他看來，貧富差距不再是資本主義特有的問題，而是普見於每個社會的問題。最重要的是，一個社會的貧富差距有多嚴重，完全取決於該社會的意識形態與政治選擇。

—— 《紐約客》（ *The New Yorker* ）

現代經濟學傾向於把「經濟」視為一種無法掌控的自然力量，獨立於思想而存在。本書揭穿了這項自負，明確指出政治與意識形態革命，才是落實經濟正義的關鍵。

—— 《波士頓評論》（ *Boston Review* ）

皮凱提將洞察敏銳的目光投向歷史長河，不僅為了理解世界，更為了改造世界。

—— 《外交事務》（ *Foreign Affairs* ）

馬克思認為資本主義社會的物質不平等來自資產階級的私有財產權優勢，可以用於剝削他人的生產剩餘，使貧富差距延續並惡化。此外，馬克思也認為一個社會占統治地位的思想通常都是統治階級的思想，統治階級

總會創造出某種意識形態來合理化階級之間的物質不平等，以維護其利益。皮凱提在《二十一世紀資本論》此一經典巨作之後，繼續發表《資本與意識形態》，企圖對當代全球不平等與意識形態的關係提出最全面的解釋，揭露當代威權主義與民粹政治背後的社會分化。

——林宗弘，中研院社會所研究員

馬克思曾說，他的歷史理論是將黑格爾顛倒過來，以生產方式取代精神意志作為推進歷史變動的力量來源，也就是「唯物論」與「唯心論」之別。皮凱提的前作曾將「資本論」帶進二十一世紀，這回他走向了黑格爾。資本主義全球化非但沒有讓「歷史的終結」發生，甚至沒讓它開始。皮凱提發現問題在於人們心中對資本的認知與理解，必須解開資本的意識形態之謎，才能找到人類社會未來的答案。「唯心論」、「唯物論」的糾結或許不在「心」與「物」的矛盾，而在「唯」字的牢籠，皮凱提的書總能引發我們深思。

——劉瑞華，清華大學經濟學系教授

皮凱提在《資本與意識形態》傳達的訊息是：雖然不平等現狀日益嚴峻，但仍可能藉由政府的政策來加以改善，結局絕非命定。我們既不該受制於「馬克思主義」由下而上的經濟底層結構決定論，也不宜相信經濟成長能夠自動化為經濟平等的涓滴式「新自由主義」。前者教人走向革命，後者則走向虛無。我向來相信，所謂「意識」就是認知到問題的重要性。意識通常也是行動的前一步，並可能影響決定和產生改變，例如公平意識或社會意識。有趣的是，皮凱提透過本書進一步指出，意識絕非中立，許多不平等現狀其實源於自我合理化的意識形態。關鍵在於，我們能否「意識」到是哪些政治意識形態導致不平等的問題，進而改變菁英思考的方式。

——洪財隆，公平交易委員會委員

《資本與意識形態》 導讀

朱敬一（中央研究院院士、特聘研究員）

　　托瑪・皮凱提（Thomas Piketty）在 2013 年出版了《二十一世紀資本論》一書，英文版全球大賣數十萬冊，其他語言譯本銷售亦佳。當年，我為該書中文版（也是衛城出版）撰寫了近萬字的導讀，幫助年輕人瞭解其論述。2019 年，皮氏繼續原本的主題，寫下《資本與意識形態》這本巨著，法文原著達 1100 多頁，是一本超大本的力作。即使將注解與參考書目放在雲端，本文應該也是一本非常厚的書。雖然如此，我還是建議讀者買來看，參照我的介紹與解說，應該可以充分理解其精髓。

　　皮氏此書之所以厚重，主要是因為他是用「經濟史」的角度來探索「不公平」的問題。馬克思主義者認為，不公平來自於經濟資源的不平占有與生產技術的既定扭曲，但是皮氏卻主張，不公平的源頭是意識形態與政治；這也是此書書名之源起。皮氏把中世紀之前的歷史，大致以「三級社會」的架構描述：所謂三級，就是指「教士＋智識」、「貴族＋軍隊」、「從事生產的庶民」。「貴族＋軍隊」就是統治階級，其與「從事生產的庶民」這兩塊，東方西方並無不同；但是教士階級則是歐洲天主教、西亞回教、印度社會的特徵，中國與日本並沒有「國家宗教」，也沒有什麼宗教「階級」，這裡的小差距暫存不論。皮凱提認為，古代的三級社會，就充斥著

各種經濟、稅賦不平等，三級之間也是不斷傾軋與鬥爭。這三級之間鮮少先驗的技術扭曲或經濟關係，故背後的意識形態與政治互動才是因，經濟資源的不公平其實是果。

為什麼要分辨前述的因與果呢？這就與不公平問題要如何「解決」有關。如果馬克思主義者認定不公平的源頭是特定（尤其是工業革命之後）生產技術下生產資源分配的不均，那麼解決不公平問題的手段，就必然是「把生產工具與生產資源均等化」，具體而言就是共產主義。但如果我們認為不公平的源頭是意識形態與政治，那麼就不會率爾跳到「生產工具共有」的結論，而會尋找制度面、社會面、租稅面、經濟運作規範面的解決之道。我想先談談不公平問題的解決之道，然後再回來討論皮凱提的經濟歷史方法論。

皮凱提所提倡的解決不公平的方法，大略與北歐國家、德國社民黨、英國工黨、法國社會黨的意識形態相契合，簡單來說就是「社會民主主義」。所有的民主思想、自由主義派系，基於人本理念，都主張促進每個人「自我實踐」的機會。但是對於如何做到這個理想，各門各派有不同的看法。我傾向把問題切兩塊來看：

人要能追求自我實踐，首先要是一個「完整」的人；如果因為種族、膚色、語言、性別、宗教、出身等原因，某甲的權利就是不如某乙，那麼某甲的人格權利就「不完整」。例如奴隸、印度的賤民、早年的非裔美國人等，他們都不能算是「完整」的人格權利人。在這個層次追求的平等，是「基本人權」面的。以臺灣社會為例，我們大致做到了基本權利的保障；但是保障了基本權利與「自我實踐」，還差之甚遠。

在一個大致做到保障人權的社會，要促進個人自我實踐，往往需要許多社會機制的設計。社會民主主義所期待的機制設計，概有以下幾個面向：

（1）**教育機會**：教育不只是啟蒙，也是個人自我實踐的基本能量。社會民主主義主張，教育資源應盡可能由國家提供，盡量減少教育資源被經

濟優勢者掌控（例如極少數平庸但有錢的人，有遠大於一般人的機會上美國長春藤名校）。除了義務教育之外，大學教育與職業教育的門檻，都要盡可能降低。

（2）**社會保險**：這包括健康保險、失業保險、年金制度、最低收入等。這些保險機制，幫助身體、工作、老年、運氣等各方面不順遂的人，更容易站好站穩。社會民主主義者認為，這些保險機制是自我實踐遭遇挫折時的必要緩衝，幾次經濟大衰退的經驗也證明，放任資本主義市場運作，並沒有辦法提供這類緩衝，而人本的社會也不應該放任市場機制來決定社會保險。此外，此類保險應該要「無條件」，避免弱勢者被「條件」汙名化。

（3）**企業參與**：在傳統的「所有權」概念下，公司是股東所擁有，公司的決策者是股東大會與董事會。勞工不是股東，依傳統看法不應該參與公司經營決策。但是社會民主主義者認為，「財產所有權」的概念不是絕對的；公司決策往往涉及資方與勞方的共同利益，勞工理應參與。企業參與的常見實踐方式，就是一定比例的公司董事席位分配給勞工。

（4）**累進課稅**：社會民主主義國家的諸多社會保險與公費教育，當然需要稅收挹注。對於稅賦，社會民主主義主張至少對所得與遺產，課比較重的累進稅。過去一個世紀的經驗告訴我們，市場運作極有可能造成經濟資源的極端不公平，例如某甲資產是某乙的一億倍、某甲的所得是某乙的一百萬倍、或是某甲的孩子莫名奇妙得到五百億遺產等。這些極端不公平的資源，都會造成每個人自我實踐機會的嚴重不平等，必須要予以約束。

以上四點，基本上也是皮凱提的主張，只是有些小出入。這個出入的關鍵原因，就是最近數十年的「全球化」。在全球化之下，資本家到處尋找低稅賦國家設廠，使得廠商移出國的勞工叫苦連天；這種「全球化＋資本主義」的情況，叫做「超級資本主義」，形成各國之間的降稅競爭，對難以移動的勞工極為不利。不只「資本家」移動，全球化之下「資本」更是移動迅速，富豪把錢全都匯到避稅天堂。於是，資本家肉身棲身之處，只剩下雞毛蒜皮，政府課不到什麼稅，社會民主主義的政策，當然也會因

為缺少預算而大打折扣。

　　除了社會民主主義主張的累進所得稅與累進遺產稅，皮氏還主張課徵累進的「財產稅」。像臺灣的地價稅、房屋稅，就是財產稅，但是稅率微乎其微。皮氏主張的所得、遺產、財產稅都有累進特色，例如某甲財產是該國平均每人財產的一千倍，皮氏主張的稅率高達80%，幾乎是「隔年只剩兩成」。財產稅如此，所得稅與遺產稅率亦然。前述八成左右的邊際稅率看起來很高，但歷史資料顯示，在1950年到1980年之間，美、英、法、德的所得稅最高邊際稅率，都在60%至80%之間，是在1980年之後才降下來的。

　　但是課稅重，在全球化時代就得克服「全球資本亂竄」與「全球避稅」的問題。最直接的概念，就是「全球所得總歸戶」與「全球資產總歸戶」。但這說來容易做來難。以當前國際形勢來看，俄烏戰爭之後、美中對峙之下，大國之間恐怕連最基本的資料交換都不願意，遑論「總歸戶」。要走到皮凱提的「理想國」，恐怕還需要不少努力。

　　皮氏的經濟史觀照非常全面，試圖涵蓋中世紀以來的印度、歐洲、中國、西亞、美洲。這麼大的地理範圍，文獻閱讀超級龐雜，已經到了「大歷史」寫作的水準。戴蒙（Jared Diamond）的巨著《槍炮、病菌與鋼鐵》是地理學、演化生物學的大歷史，摩里士（Ian Morris）在《西方憑什麼》研究強權興起的大歷史，皮凱提這本書則是「社會不公平」的大歷史。就社會民主主義的研究而言，以往艾斯平－安德生（Gosta Esping-Andersen）的《福利資本主義的三個世界》（*The Three Worlds of Welfare Capitalism*）以及布朗道、布拉白與托森（Brandal, Bratberg, Thorsen）的《北歐不是神話》（*The Nordic Model of Social Democracy*），都非常著重歷史源流的探索。這些著作告訴我們，要瞭解社會民主制度，一定要溯往歷史。

　　在數理化、計量化的扭曲之下，經濟學家的研究方向經常有短小精幹、支離破碎、見樹不見林之弊，而且日甚嚴重。例如皮氏先前《二十一世紀資本論》一書，經濟學家的評論十個有九個半都著重在一兩個雞毛蒜

皮的小瘡疤叨叨絮絮，非常無聊。又如有些經濟學家做研究，首先要尋找的就是「工具變數」，試圖建立清爽的計量分析，卻完全不觀照研究題材的大圖像。小鼻子小眼睛的技術性經濟研究，絕對難登大雅。皮凱提跨區域、跨年代的「不平等大歷史」分析，避開了這樣的餖飣視野，極為不易。

皮氏的不平等大歷史檢視，至少有一個視角我在以往西方學術著作中不曾見過：他坦然面對過去數百年歐美強權在殖民主義、奴隸制度等方面所造的孽。老實說，今天世界各地的不公不義不平等，有許多是歐美強權帝國主義造孽的後果。例如，海地原為法國殖民地，後來法國撤離，海地反而要支付法國「贖回自由」的賠款，大幅拖垮了海地人民的生活水準。這是不是孽障？英國原本有蓄奴，後來立法廢除，政府還要「補償」這些奴隸主人「失去奴隸」的金錢損失，這是不是助長不公平？摩里士的寫作就不肯或是刻意閃躲當年帝國主義的殖民壓迫與衝擊，所以他的歷史論述怎麼看都有缺點。「因為迴避真相，所以只看到偏相。」

皮凱提要分析不平等，也許因為如此，他躲不掉帝國主義、殖民主義、奴隸制度的血淚與殘酷；那些都是不折不扣的不平等。皮氏自己在書中也說，奴隸制度與殖民社會，是人類歷史上「最極端的不平等」。歷史上不時有人豢養奴隸，但極少形成「奴隸制度」。而殖民，更是「畫定地區的蓄奴制度」，其殘暴尤甚。

皮凱提的書史料豐富，尤其對於歐洲大陸的不平等歷史，有極為宏大的觀照。由於歐洲、美國是資本主義運作的核心，他的書對於我們瞭解資本主義環境下不公平的背景、產生、解決方案，都提出了詳實的分析。皮氏唯一的疏漏，是他對於列寧式中國共產黨運作方式的不夠瞭解。例如，皮氏分析中國國家資本占總資本的百分比達55%，意義不大。皮氏寫書時馬雲還如日中天；其實，不管阿里巴巴的股權結構為何，只要列寧政黨的中央政治局今天叫馬雲滾蛋，他明天立刻滾蛋。這種情況，絕對不是「占股比例」所能解釋的。但是，皮氏刻畫中國與蘇聯在「改革開放」之後，政治人物奪取大量經濟資源的「盜賊政治」，形成一整掛「政二代、黨二代」

組成的「富一代」，卻是精準的描述。

　　皮凱提的社會民主理想有可能實現嗎？沒有人知道。但是歐美各國有一個共通的現象，或許令人鼓舞：過去數十年，越來越多的高教育族群投票支持社會民主左派政黨，可見這個努力的方向，獲得跨國界知識社群的支持。「學問為濟世之本」；也許皮氏的著作有助於形成一套圓融的論述，朝理想前進。凱因斯（John Maynard Keynes）曾說，改變社會的阻力不是既得利益（vested interests），而是既有觀念（vested ideas），旨哉斯言。

　　最後，我也要對讀者做一些心理建設。我們每個人都有兩種看事情的角度，（a）是體現當下狀況的自己，瞭解自己的所得、資產、教育程度等現狀，表達自己的心聲；（b）則是拋下當下狀況，純粹從「將心比心、關懷人文」的出發點，探索、分析政策。如果是（a）角度，那政策根本無從討論，因為有錢人一定反對增稅、股利所得高的人一定主張股利分離課稅、家人在做古董字畫拍賣的人更會主張「拍賣所得免稅」。我們分析政策，一定要用（b）的角度；也唯有如此，才能心平氣和地討論。臺灣以前幾次事關公平的政策討論，許多媒體人其實都是用「利害關係人」的角度去主張意見。如果這只是疏忽，那還無可厚非；但如果出發點就是為己牟利，這就是無恥了。社會對於「不公平」可能有不同的看法，但是對於無恥，應該只有一種看法。皮凱提的建議可以討論可以批判，但是切記：一定要先調整自己的心態與分析的角度。

皮凱提的視野：一趟穿越意識形態迷障與破除世界公平假象的思辨之旅

葉浩（政治大學政治學系副教授）

　　1974年，英國社會思想家路克斯（Steven Lukes）以一本五十多頁的小書《權力：基進觀點》（*Power: A Radical View*）而聲名大噪。該書一方面批評美國政治學家達爾（Robert Dahl）將「權力」過度狹隘地界定為「擊敗對手的能力」，另一方面也批判政治學家巴克拉克（Peter Bachrach）和巴拉茲（Morton Baratz）雖然將權力的定義拓及到幕後制定議程與遊戲規則者，但此等視野仍舊不脫行為主義的方法論缺失，因為此一看法還是把焦點放在可見的人事物之上。路克斯認為，所謂權力，必須包括那些看不到的人事物在內，例如思想家帕森斯（Talcott Parsons）和鄂蘭（Hannah Arendt）都在意的人際網絡，以及能策動一群人去行動的想法、認同感或共同目標。

　　路克斯於是以上述最後一種觀點為基礎，提出了一種三向度的權力觀：既能涵蓋見勝負與檯面上下的各種人為運作，也能兼顧意識形態的力量。其「基進」之處不僅因為這挑戰了美國學界強調可觀察事物和量化技術的社會科學研究方法，也在於他認為這樣才能澈底掌握權力的實際運作方式。此外，這也意味著當我們意圖反抗壓迫時，為何首當面對並致力於拆解的，便是支撐那一種宰制關係或體制的意識形態。甚至，唯有如此才

能找出是什麼想法或力量蒙蔽了我們的雙眼，以至於分不清現實當中的天災與人禍之別，混淆了哪些事是單純的不幸還是不公不義。

換言之，意識形態是一副奇特的有色眼鏡。它能過濾掉某些事物，讓致力於追求客觀真相並恪守科學中立的學者看不見權力運作的特定向度，也能令社會大眾將許多人與人的不平等之處視為理所當然，因此未曾想過要改變或反抗，更遑論去澈底推翻體制。同理，當受壓迫者換上另一副意識形態眼鏡時，則能看見原以為天經地義的事，原來是如此不公不義，從而醞釀一股改變體制的力量。

《資本與意識形態》的書寫目的於是有二。一是揭露當前支撐全世界嚴重不平等現象的意識形態，以及為何該意識形態已經走到了若不澈底改變，人類將共同步入一場巨大人為災難的地步。二則旨在提供一套足以取代當前主導全球化時代意識形態的改革方案：「參與式社會主義」（participatory socialism）。該方案基本上是一種修正版的社會民主主義，核心內容包括了抑制富者恆富的稅制、財產所有權的社會化、更公平的教育制度，以及藉由國際合作來杜絕大企業走往避稅天堂等措施。這些措施當然反映了作者皮凱提所認為的當前意識形態，也就是一套建立在神聖化「財產權」、「創業精神」、「個人成就」三者之上的新菁英體制（meritocracy，書中譯為成就主義）。這種體制將一切經濟、社會與政治的不平等皆歸咎於個人的天分和努力，因此也將任何試圖消弭這種「差異」的手段等同於對不起個人的努力，甚至視為是對個人自由的一種侵犯。

本書是全球銷售破兩百萬本的《二十一世紀資本論》續集，論證上採取了相同的研究方法，亦即藉龐大的統計數據來進行跨國比較，而且是放置於橫跨三千多年的時間軸上來進行，堪稱是從不平等視角來書寫的人類大歷史。值得一提的是，此一方法頗類似於法國思想家涂爾幹（Émile Durkheim）開啟的社會科學傳統。涂爾幹是量化社會科學研究的奠基者，他主張統計學能讓我們發現從個人角度所難以察覺的不同「社會事實」（social fact）之間的關聯，例如一個社會的「自殺率」其實與「社會連結的

程度」有關；換言之，一個人的自殺不能單憑心理或經濟條件等個人因素來理解，正如同前述的權力運作不能單從個體之間的較量來理解。涂爾幹的研究挑戰了當時盛行的主流學說，即從個人心理素質不好的個體層次因素來理解自殺。倘若他的觀點正確，那麼自殺率其實是一種「社會」層次的常態事實，唯有從家庭、宗教、國家體制等社會層次來研究才能找出原因。

事實上，路克斯亦是當代最著名的涂爾幹研究者之一。他以此為主題的牛津大學博士論文以及改寫出版的專書，是學界公認難以超越的經典之作，而涂爾幹關於社會連帶會形塑一個人的生活之主張，也是促成他關切個體層次之外的權力運作之主因。此外，涂爾幹的思想也指向了一條從「實然」走向「應然」之路，或說從實證研究出發來進行規範性理論的途徑。關鍵在於「失序」的可能：當社會連帶程度高，也就是當信仰或意識形態還能穩固人際關係的時候，受挫個人走向極端的機率就會降低，因此，防範之道就是建立一套關於應然的規範性理論。這種理論不同於抽象的理想社會想像，並非關於此時該做什麼才對的主張；也不是從立足於某一遙遠的烏托邦，回頭過來看此時應該如何改造社會的政治工程。

《資本與意識形態》的獨特之處，正是這種結合實然與應然的涂爾幹式經驗研究。然而這種做法卻有違以個體經濟學掛帥的美國主流經濟學研究方法，也因此本書遭受到不少來自包括芝加哥學派和新興凱因斯主義在內的美國經濟學家的批評。這不令人意外。畢竟，皮凱提曾在二十二歲取得英國倫敦政經學院（LSE）博士學位之後旋即赴美任教於麻省理工學院（MIT），但兩年後即返回法國，因為他認為美國的經濟學研究取向與主流理論皆不能做出真正重要的學術貢獻。

真正的貢獻就是經世濟民，尤其是以廣大勞工和受薪階級的福祉為己任。此時的皮凱提任教於法國社會科學高等學院（EHESS）和巴黎經濟學院（PSE），並擔任倫敦政經學院不平等研究中心的百年教授，致力於他的志業。經常批判美國經濟學的他，在本書大方地提及他的社會主義思想系

譜。本書第十一章注釋提及了創建倫敦政經學院和英國工黨的費邊社（Fabian Society）以漸進改革的社會福利方案避免了革命，並高舉涂爾幹以及曾任國際聯盟（League of Nations）主席的法國政治家布儒瓦（Léon Bourgeois）為本書試圖更新的「團結互助式財產觀」（solidaristic concept of property）之起源。皮凱提在最後一章的注釋當中說得更是直白：以課徵遺產稅、教育普及和知識傳播來促進平等，其實是涂爾幹的設想，並非來自馬克思。

不意外，皮凱提將二十世紀50-80年間視為社會民主的黃金時期，因為經濟不平等在此期間來到史上最低點。但那也是一個未竟之業。隨後，海耶克（Friedrich von Hayek）的市場基本教義主張受到柴契爾夫人的青睞，政黨向市場靠攏，國營企業逐步民營化，而原先英美高達60%至80%的邊際稅率（遺產稅更是高達70%至80%）隨之驟降。貧富差距於是再次擴大，及至今日已威脅到了民主的正常運作。

進一步解釋，皮凱提認為不平等乃人類社會的常態，只是程度有別，且每一個不平等的社會都有合理化其存在的意識形態。而根據他的歸納，可分為三重功能（tri-functional）、財產所有權至上（proprietarian）、社會民主（social-democratic）、共產（communist）、奴隸式（slaveist）以及和殖民主義（colonialist）六種，且第一種占據了人類歷史的大部分時間，例如以婆羅門為中心的印度種姓制度和西方漫長的中世紀以教士、貴族和平民所構成的三級社會，皆可見其存在。皮凱提更認為二十世紀末是「新財產所有權至上主義」再度興起的年代，且正是這意識形態讓市場運作發展至今天的「超級資本主義」（supercapitalism），造成全世界往另一個新三級社會移動的局面，經濟不平等甚至嚴重到瀕臨奴隸制度邊緣的程度。

讀者可見，皮凱提並不認為人類歷史發展有其預設方向或內建的定律，因此既不接受馬克思主義者的那一種共產主義史觀，也不認同許多自由主義者相信的進步史觀。換言之，從上述某一種主義過渡到另一種，並不存在歷史必然性，更不一定是進步。相反，那是基於偶然因素的政治決

定，或源自於少數人倡議的結果：柴契爾夫人接受海耶克的經濟學主張即是一例。正是相信意識形態的變遷有其偶然性，作者才能希冀本書所勾勒出來的方案最終能對世界產生影響。

這也意味著寄望於讀者的皮凱提和馬克思有另一個重大差異：相較於後者認為生產模式與生產關係決定了上層建築（superstructure，也就是人們的想法和價值觀念），前者真心相信意識形態是因，而經濟體制是果。就此而言，本書做為一個社會主義宣言，似乎比主張意識形態是果、經濟條件是因，且共產主義必然來臨，但卻想藉書寫來改變人們想法並支持革命的馬克思主義，更加邏輯連貫。

不過，皮凱提不僅看到了參與式社會主義的魂魄正盤旋於世界上空（本書正是為了讓其順利降臨而寫），也看到了民粹主義的幽靈正急速附體於各地的民主國家。根據他的分析，民粹崛起乃因民主國家政治菁英向市場靠攏的結果，就連原先以社會民主起家的英國工黨也是如此。拚經濟成了超越左右的新政治共識，但拚法卻是不斷迎合富人立法並制定各種優惠企業的政策，甚至允許運作於國內的大企業紛紛走往避稅天堂。對企業與富人的各種稅務減免，當然意味著財政短缺和社會福利的縮減。

廣大的勞工與受薪階級在逐漸淡出左右政黨的視野之下，也遠離了投票所。只有當他們聽聞能將一切過錯歸咎於難民、外勞乃至移民等排外或撕裂族群的激烈言論，才會用力投下神聖的一票。詭異的是，這些曾經與左派政黨站在一起的人民，也歡迎外企和外資，以及這些企業所提供極為不利的工作條件與待遇。人們甚至認為能吸引他們來的政府才是為人民做事的有為政府，而對於出走的企業卻相對「厚道」，不但不指責他們，反而怪罪政府無能。

根據本書的描繪，上述現象其實也出現在橫跨大西洋兩岸的歐美社會。歐洲的社會福利制度處於崩壞階段，使用者付費的市場邏輯逐漸滲入了各種生活領域，包括教育和醫療。即使是「歐巴馬健保」（Obamacare）其實也反映了雷根時代的市場萬能信仰。甚至，窮人認為那是政府在幫保

險業者搶錢，而白人認為那是在幫黑人極少數族裔付費。皮凱提認為，這一現象正是「新財產所有權至上主義」接軌了高舉創業精神和個人成就的「新菁英體制」所致，最終將使世界重回新的三重功能社會：

> 「左派婆羅門」相信努力就會有回報，學業成就最實在；「右派生意人」強調愛拚才會贏、事業愈大成就愈高。「左派婆羅門」專注的是文憑、知識和人力資源的累積；「右派生意人」則注重貨幣與金融資本的累積。

這是一套對知識菁英、經濟菁英與金融菁英都十分有利的體制，但多數人卻相信這是公平的。不參政的菁英讓左右兩派輪流執政，而掌權者本身也來自這些菁英。競爭失敗的魯蛇愈是不去投票，政商菁英聯盟就愈是鞏固。

至此，我們方知皮凱提的歷史研究以及意識形態分類本身並非單純的個人興趣，而是為了提供一組分析當前局勢的術語。所謂「三重功能社會」的想像，本身也有濃厚的涂爾幹功能論（functionalism）色彩，亦即相信社會乃不同族群基於共同想法的分工體制。尤須注意的是，皮凱提當然意識到現代社會不再以身分當作階級劃分的依據，政治意義上的種姓制度也不復存在，但那並不意味著「婆羅門」一詞不適用。功能論的重點在於看見社會如何分工，以及哪些族群扮演了什麼功能。因此，與其批評他誤用概念或直指其他社會並沒有身為祭司的「婆羅門」或「教士」階層，不如反思：在那樣的社會當中究竟是誰扮演了婆羅門或教士的功能？

皮凱提書中清楚地描繪了「婆羅門」，就是指從高度經濟和學歷競爭中勝出的菁英。這類比當然也取自於婆羅門原本就是指學問最高的階層。令人玩味的是，在一個高舉市場邏輯萬能的社會當中，被當作學問最高的不就是經濟學家以及制定金融法規的那些專家嗎？

以左派自居的皮凱提其實也在對抗他們。不意外，《資本與意識形態》

出版至今雖然獲得無數掌聲，但也不乏來自美國經濟學家乃至財經媒體的強烈批判。也是以左派自居的諾貝爾經濟學獎得主克魯曼（Paul Krugman）在《紐約時報》（*The New York Times*）的書評最令筆者印象深刻。他說，皮凱提上一本《二十一世紀資本論》雖然厚達七百頁，但讀者平均只閱讀了二十六頁，而相對於經濟學家能在該書看出了作者的真正學術貢獻，亦即以數據證實了十九世紀相當普遍的「靠爸」（patrimonial）資本主義的確仍存在於今日各方面都更健全的經濟制度當中，一般讀者能獲得的也不過是「不平等正在惡化當中」這一個人盡皆知的事實。這本更厚的新書《資本與意識形態》能提供給讀者的則是歷史上數不清的不平等案例，且多到難以讓人理解哪裡才是重點，甚至於欠缺重點，且直到最後三百頁才跟現代經濟有關。雜亂之外，書評也指出了某一案例的歷史細節有誤，並據此推論其他地方也必定有漏洞之處，畢竟皮凱提並非全才。至於本書的方案，克魯曼則直指那根本是一種企圖以民粹式經濟政策來贏回勞工階級的策略，但那在美國難以奏效，因為白人勞工對照顧（族裔）平等的政策並不領情：歐巴馬健保反而將他們推向了川普就是一個鐵證。

　　筆者難以斷定這是一場左派婆羅門階級的內戰，還是不同教派之間的教士內戰，亦或教士和貴族之爭。唯一能確定的是，本書值得閱讀之處肯定遠遠超過二十六頁，且任何認真讀最後三百頁的讀者應該也不會認為參與式社會主義是一種為了討好不願努力的大眾或魯蛇的民粹方案。相反，皮凱提提出的方案不把社會當作戰場，但他也沒有天真到想要消弭競爭，而是為了讓競爭在一個更加公平的環境當中進行，包括不讓某些人因為繼承龐大遺產而遠遠贏在起跑點上，不讓既得利益者制定符合他們優勢的遊戲規則（例如那些拿民眾血汗錢來炒地皮並決定貸款資格的銀行），也不允許老闆或股東把公司當作專屬於他們的財產，勞工則不過是雇來替他們賺錢的工具。正好相反，皮凱提認為勞資雙方並非處於零和的競爭關係，更希望我們把公司視為資方與勞方所共有的財產。用同樣的道理進行延伸，社會也是所有人的共同財產，而世界則是所有人種與國家的共有財產。

　　理解至此，與其說本書提供了一副新的有色眼鏡，毋寧說那是一顆變焦鏡頭。相較於人們習慣聚焦於競技場上的競爭選手，然後把輸贏看成是個人憑自己的天分和努力所取得的結果、因此成就與榮耀專屬於選手自己，皮凱提則要我們也看到場上的裁判，看見選手的教練和隊友，甚至焦點最後離開了競技場，讓臺下觀眾們和所有支撐起這一種競賽的相關人士也進入視野。皮凱提更想要問：為何選手乃至於觀眾會投入這樣的比賽？《資本與意識形態》提供的正是這樣一幅關於不平等事實的寬廣視野，而且當鏡頭調到最廣角的時候，我們將必須追問自己：為何我們竟然會如此習慣這不平等的一切？

意識形態的力量與
宏觀理論的回歸

陳禹仲（中研院人社中心助研究員）

在1985年的英國，劍橋大學出版社出版了一本論文集。這本論文集象徵著英國人文與社會科學學者對自身研究的期許，同時也是象牙塔中的學者們試圖對社會大眾解釋，人文與社會科學的研究能夠怎麼協助我們理解現代社會的核心挑戰，以及如何能夠面對困境的宣言。論文集的名稱是《人文科學宏觀理論的回歸》，參與論文集的學者們有一個明確的共識，那就是人文社會科學的研究如果要對現代社會的困境提出解方，學者必然要將研究的關懷脫離單一學者各自鑽研的精深學問。這並不是說學者應該要放下日趨專業化的學術分工，轉而書寫宏觀的論述。而是學者在衝刺期刊論文、雕琢個別的研究專長時，也應該要清楚地意識到，自己的研究哪怕再怎麼專業，這些研究除了學術價值之外、對於整個社會乃至人類社群的意義，在於個別的研究能否協助回應宏觀的問題。1985年迄今將近四十年，人文與社會科學也迎來許多跨越個別領域、提倡宏觀理論的著作，而法國的經濟學者托瑪‧皮凱提正是其中的佼佼者。

這本《資本與意識形態》承續了讓皮凱提聲名大噪的《二十一世紀資本論》。隨著《資本與意識形態》的誕生，要繼續以經濟學家這個專業標籤來辨認皮凱提的研究領域，似乎反而限縮了這本書的價值。與《二十一

世紀資本論》相仿，這是一本關於不平等的書籍。從這個意義上來說，《資本與意識形態》無庸置疑是《二十一世紀資本論》的續集。如果說《二十一世紀資本論》是一本關於二十一世紀經濟不平等的經濟學研究，其論旨提供了一幅人類現代社會經濟困境的悲觀圖像，那麼《資本與意識形態》則從歷史學、經濟學、政治學與社會學的角度，為這樣的困境提出了足資樂觀的理由，以及改善問題的方針。《資本與意識形態》完全符合了《人文科學宏觀理論的回歸》這本論文集裡，學者對人文與社會科學學術研究的期許。

《二十一世紀資本論》最具原創性的論點在於指出，現代歐美社會資本積累的現象，促成了所謂「極富階級」，其資本積累的速度將會遠超乎歐美國家各國經濟成長。皮凱提在這裡解釋了為什麼1970年代以降歐美經濟不平等的急劇惡化，會使歐美社會陷入更長期且更險峻的經濟不平等境遇──《二十一世紀資本論》最為人稱道的研究數據之一，在於指出1977–2007年間，美國60%的國家所得全數集中在1%的人口中。《資本與意識形態》在這個基礎上，試圖對眼前的不平等困境提出對應的方針。然而，要解決眼前的問題，首先必須要做的，是確認眼前所面對的問題到底是什麼。這讓皮凱提的研究回到了他學術關懷的初衷，也是人文社會科學對人類社會的核心叩問：為什麼人類的社會充斥著不平等？我們眼前所面對的不平等是常態嗎？

皮凱提對這一組問題的追索，與晚近另一本探討人類社會不平等現象的巨著有所歧異。美國史丹佛大學古典學系教授沃特・席代爾（Walter Scheidel）於2017年發表了頗受熱議的著作《暴力與不平等的歷史：從石器時代到二十一世紀》（*The Great Leveler: Violence and the History of Inequality from the Stone-Age to the Twenty-First Century*）。在這本書裡，席代爾認為人類文明長時段的歷史發展，體現了一則血淋淋的訊息：經濟資源的不平等根植於人類社群之中，而歷史上人類過得最平等的時刻，往往也是戰爭與暴力衝突破壞了既有的文明秩序，促成資源再分配的時刻。聳動地說，暴

力衝突總會在破壞人類社會結構的同時，有效消減經濟資源不平等的現象。

　　席代爾的研究有著重要的貢獻，但皮凱提的研究成果卻著眼不平等更複雜的面向。他指出，不平等現象並不僅局限於經濟資源分配上的不平等。事實上，經濟資源的不平等，只是更廣泛的不平等現象其中一環。我們在《二十一世紀資本論》以及《暴力與不平等的歷史》所見到的，是聚焦於經濟不平等上的圖景。但如果我們檢視不平等的現象本身，我們會發現除了經濟資源不平等之外，人類歷史上還曾經充斥更多更為嚴苛的不平等情境。經濟資源的不平等相對限縮了一個人在採取行動時，所能夠擁有的選擇（我旅行時能否搭高鐵、能否搭商務艙）。然而，政治權利的不平等及社會身分與地位的不平等則是絕對剝奪了一個人的選擇（如果我是活在十六世紀歐洲的猶太人，我根本不能隨意旅行）。皮凱提認為，如果我們從這個角度來看待不平等的現象，那麼我們會發現，不平等並不是人類社會的常態。事實上，皮凱提在今年（2022）四月出版的最新著作《平等簡史》（*A Brief History of Equality*），便是一本呈現人類文明如何逐步邁向平等的歷史。

　　這讓皮凱提的思路轉了個彎。如果我們眼前面對的不平等不是人類歷史上的常態，那麼我們現今的社會為何會陷入這樣的不平等困境裡，而我們又應該如何因應？在《資本與意識形態》裡，皮凱提從兩個面向勾勒了他對這個問題的回應。

　　首先，是關於不平等的歷史圖像。皮凱提認為，如果我們暫時撇除各地文化細節的差異，而是從人類社會的宏觀結構來看，總的來說，人類的歷史是逐漸從一種三階級的功能性社會（Ternary Society，書中譯為三級社會或三重功能性社會）轉化成一元的私有財產權社會（Proprietarian Society，書中譯為所有權社會）。這兩者的差別在於，三級的功能階級社會對人的身分與處境有著明確且嚴格的規範，不平等在這樣的社會裡之所以根深柢固，就在於這樣的社會結構本身就是不平等的。身為第三階級的人無法和第一與第二階級（皮凱提稱之為教士與貴族階級）的人擁有同等

的身分、權利與資源。相反地，一元的私有財產權社會在結構上是允許所有人都擁有私有財產權的，而這也意味著我們現今所面對的經濟資源不平等並不是一個社會結構上的問題。因為在一元的私有財產權社會裡，並不存在著三級社會那種將人們明確劃分成三個等級的政治社會階級，人們所能汲取經濟資源的管道也不會因為身處的階級不同，而有所差異。一元社會在結構上是平等的，人們都屬於同一個階級——擁有私有財產的階級。

但這也就意味著，在一元社會裡所存在的不平等（尤其是《二十一世紀資本論》所探討、我們所面臨的日漸加速的不平等）是一個特殊的現象。從結構上來說，我們確實是平等的，幾乎每一個一元社會裡的人們都享有私有財產。但從人類實質的經驗看來，人們所享有的私有財產之間的落差卻日益擴大。這個不平等的現象，是一元私有財產權的社會中，個人的行為與選擇所造就的結果。換句話說，是人類的行為沒有全面落實一元私有財產權社會那人人皆平等屬於私有財產階級的結構。

其次，是什麼原因使得人們沒能落實一元私有財產權社會的平等圖景呢？皮凱提對這個問題的回應，直指了《資本與意識形態》一書的核心。他說，每一個不平等的社會，都是由正當化不平等現象的意識形態所支撐著。是意識形態支撐了三級社會，讓生活在其中的人們認為這樣的三級結構是合理的，連帶著也讓人們認為不平等是理所當然的。同樣地，在一元的私有財產權社會裡，也是意識形態讓人們認為經濟資源的不平等是合理的，連帶地經濟不平等也是理所當然的。但就像意識形態的變遷足以構成三級社會的結構瓦解，轉型成更為平等的一元社會一般，我們視之為理所當然的、在一元社會裡的經濟不平等，也可以隨著意識形態的轉變而消解。

一切的關鍵，都是「意識形態」（ideology）。但什麼是意識形態呢？對皮凱提來說，意識形態這個詞的意義，並不是我們日常生活與政治語言所常見的，那種帶有貶低意涵、暗指一個人對某種政治立場太過狂熱與盲信的詞彙。在皮凱提看來，意識形態更像是一種反思的思維模式。就如他在書裡所說的，意識形態是「一組原則上可以成立的觀念及論述，旨在於描

述社會應該如何建構」。這句話值得更細膩分析。皮凱提在這句話裡所指出的，是意識形態是一種對於「社會應該如何建構」的問題意識。這個問題意識的背後隱含的，是「社會能怎樣變得更好」的反思。因為當我們開始思考「社會應該如何建構」時，我們所思考的，通常不會是「社會應該如何建構成更壞的模樣」。而這種「社會應該如何更好」的反思，又隱含了我們已經對於「什麼是更好的社會」存在著或清晰或模糊的概念與論述。意識形態因此牽涉的，是人們對什麼東西會構成更好社會的價值判斷，而這樣的價值判斷將會影響人們的行動，進而促成社會成長為相應的樣貌。

　　一元的財產私有權社會存在著什麼樣的意識形態，讓人們視不平等為理所當然？我們又能夠有著什麼樣的意識形態變遷，讓我們能夠有充分的價值判斷，使得我們在落實自身的經濟追求時，也能夠落實一元社會結構所內涵的，人人皆有私有財產的平等，而不是在這樣的平等之上，進一步擴大不平等的現象？

　　皮凱提認為，一元化私有財產社會長期存在著試圖合理化經濟資源不平等的意識形態，而這種意識形態根本上保有三級社會的階級邏輯：現在的經濟不平等其實是過去努力積累而成的結果，如果否定這樣的不平等，就是根深柢固地否定了過往迄今的付出，而這會動搖社會的穩定性。在此之上，皮凱提認為現代社會（指1970年代以後的世界，也是《二十一世紀資本論》所著重的年代）存在著一種隱匿資本與財富的意識形態，使得1970年代迄今的經濟不平等日益加劇。隱私權促進了政府立法規範金融機構必須保障私有財產的相關資訊，而這進一步使得現代社會從政治與法律層面鞏固了不平等現象。我們無從得知最有錢的1%富人到底持有多少資本，也無從得知他們利用什麼投資管道更快速累積更多資本。我們認為隱匿財富是合理的，所以不會去懷疑這樣的財富隱匿是否進一步構成了不平等。這是因為我們的意識形態已經合理化了這個促成不平等加劇的要素。

　　要改變這樣的不平等，我們需要另一種意識形態。而在這本書裡，皮

凱提提出了一個讓資本流動透明化，並且讓資本盡可能全面流動的意識形態：「參與式社會主義」（Participatory Socialism）。皮凱提指出，如果我們要全面落實一元私有財產社會內涵的平等元素。這意味著我們要讓資本能夠充分流動，讓每個人都能參與持有私有財產，成為擁有充分私有財產的社群的一員。就政策設計上來說，他舉例指出最高稅線應繳的所得稅級距設定在60–70%之間，才能充分達到使社會成員參與資本流動的結果。他強調，這樣的設計並不是要否定私有財產社會。恰恰相反。在保有基本私有財產權的同時，讓人們能全面參與資本流動，才是落實一元私有財產權社會平等要素的意識形態。皮凱提非常清楚這樣的主張有多　激進，甚至多　容易被譏為無稽之談。但他同時也強調，這樣的意識形態是全然合乎一元私有財產權社會的運作邏輯。我們之所以會認為這種論述不合理、或認為荒誕，恰恰是因為我們太過沉浸於現代社會的意識形態無可自拔的結果。

　　皮凱提不是一個哲學家，《資本與意識形態》也不是一本敝帚自珍、強調擁有正確的哲學觀念就足以改善世界的烏托邦著作。真正有機會改變社會，讓走過政治、社會階級與身分不平等的人類能再進一步跨過經濟不平等鴻溝的，並不是觀念（idea），而是意識形態（ideology）。與哲學家的認知有別。我們所需要的，並不是呼籲「平等」（equality）、「正義」（justice）或「公平」（fairness）這些觀念。這不僅是因為每個人對觀念的理解都有所差異，更是因為人們對社會的認知是多元的，往往不會限縮於從某一個觀念片面地理解整個社會。皮凱提認為，我們所需要的是意識形態。意識形態是汲取這些觀念，將它們排列組合，構成我們應該如何建構社會的認知與論述。這是因為社會形態的改變，需要的是多數人意識到現行的社會存在著問題、認知到問題的核心何在、並且願意付諸行動改變問題。這種種認知與實踐的選擇，都取決於社會中多數人的思維與價值判斷，而影響思維與價值判斷的，就是皮凱提所謂的，作為問題意識的意識形態。

　　這是一篇太過簡短的導讀，而《資本與意識形態》又是一本太過豐富

的書籍。在這篇導讀裡，有許多必須割捨、卻值得讀者更加深入追隨皮凱提研究的洞見。例如，皮凱提突破性地主張，我們應該放棄使用「資本主義」來描述現代社會，因為資本主義只是一元性私有財產權社會的一個歷史樣貌，而這個歷史樣貌並無法充分涵蓋現代社會經濟不平等問題的核心：現行意識形態與一元社會結構內涵的平等存在著落差。這是一個經濟學的主張，也是一個歷史學、政治學與社會學的主張。而在背後支撐這個主張的，除了皮凱提豐富細緻的數據分析，更是他那「作為問題意識的意識形態」的慧眼。

　　帶著皮凱提的洞見回望臺灣，我們一方面能夠反思他對經濟不平等的分析與他的參與式社會主義能否落實，另一方面也能著重於他對意識形態的理解，進而叩問臺灣除了皮凱提所指出的、支應不平等現象的意識形態之外，是否還存在著什麼樣的意識形態，使我們下意識地將政治與社會問題視為理所當然的存在，進而錯失了改變社會的機會？

《資本與意識形態》推薦序

萬毓澤（中山大學社會學系教授）

借用已故作家費雪（Mark Fisher）的用語，「資本現實主義」（capitalist realism）是這個時代的主旋律：人們腦海中可能經常浮現「世界的終結」（極端氣候、資源耗竭、戰爭威脅、全球疫情），但少有人會設想「資本主義的終結」。對許多人而言，資本主義是人性之必然、大勢之所趨，我們別無選擇；只有沒有現實感的人，才會思考「後資本主義」、「非資本主義」等社會、經濟與政治組織形式的可能性，或嚴肅檢討過去各種「社會主義」實踐的得失。

皮凱提（Thomas Piketty）近年來一系列著作，已為他確立世界頂尖經濟學者的地位；他與各地的研究團隊建立的世界不平等資料庫（World Inequality Database）也已成為重要的公共財，成為許多公共討論與政策制訂的參照點。但《資本與意識形態》這部鉅著的意義，不只是他進一步分析了「不平等制度」（他將其界定為「一整套論述與一系列體制安排，用來合理化與結構化存在於社會的經濟性、社會性與政治性不平等」）的歷史演變過程，更在於他試圖提出的論點：「不平等的本質不是經濟或技術，而是意識形態和政治」。換言之，他強調的是「思想範疇（亦即政治意識形態範疇）的真正自主性」。因此，本書許多篇幅讀來像是政治與經濟思

想史，因為對他而言，這些思想都扮演了關鍵角色，見證了「不同時期社會用來合理化不平等的解釋」。

由此觀之，本書的寫作恰恰是為了挑戰「資本現實主義」。既然思想與政治有自主性，也就意謂「存在著許多不同方式，可以用來建構經濟、社會及政治體系，定義所有權關係，組織財稅制度和教育制度，處理公債或私債的問題，調整不同人類社群之間的關係」，並藉此開闢「超越資本主義的道路」。

本書在理論觀點上當然有許多可商榷之處。比如說，熟悉馬克思主義的讀者很可能對他的方法論與認識論感到不滿，認為本書（和先前的著作一樣）未能對「資本」本身（甚至包括「資本主義」）進行充分的理論化，也可能認為他為「思想範疇」賦予了過多的自主性，未能清楚勾勒意識形態的形成過程與運作機制。但無論如何，本書清楚指出兩件事。其一，「資本主義」不是不能挑戰的，我們應該透過細緻的歷史耙梳與比較研究，「構想各式各樣的新型運作體系與合作方式」；其二，「社會主義」除了「國家權力曖昧不明而又畸形膨脹」的黨國式社會主義之外，還有許多可能性，例如本書便主張權力分散化、民主化、跨國連結的「參與式社會主義」。

類似的倡議，近年來所在多有。已引入中文世界的包括如萊特（Erik Olin Wright）的「真實烏托邦」、沃夫（Richard Wolff）的「勞工自主企業」、施韋卡特（David Schweickart）的「經濟民主」、凱莉（Marjorie Kelly）與霍華德（Ted Howard）的「民主式經濟」等；尚未譯為中文但極具價值的則有沙洛姆（Stephen Shalom）的「參與式政制」（Parpolity）、艾爾伯特（Michael Albert）與何內爾（Robin Hahnel）的「參與式經濟」（Parecon）等。不少論者也正在深入挖掘這類倡議背後的政治哲學意涵，將其扣連至新共和主義、社會共和主義、委員會民主（council democracy）、自我管理式社會主義（self-governing socialism）等政治與思想傳統。

本書與這些倡議的共通點，在於都從某種「社會培力」（social empowerment）的角度來理解「社會主義」，而不是繼續將其界定為「由國

家掌控生產體系與分配工具」的政治經濟體制。借用萊特在《真實烏托邦》中的說法，「社會主義」的真實意涵是一系列「強化社會培力，使社會能控制國家與經濟的過程」；換言之，「在對經濟資源和經濟活動的所有制、使用與控制上，社會培力的程度愈高，就可以認定一個經濟體愈接近社會主義。」我們也可以從這個角度來評估本書的幾項基本倡議。比如說，強化企業內部的權力分享（本書一再提及德語系和北歐國家的「勞資共治」制度）是為了確保資本受到社會多數成員（而非大股東或董事會的少數成員）的控制，在這個意義上確實可視為「社會培力」。但除了勞資共治外，似乎也應思考：在一個「社會主義」的體制中，是否應該積極提升各種合作經濟的規模及比例，並促進合作事業彼此的橫向合作。唯有如此，才有機會逐漸使資本主義之下以「追求利潤與增長」為目標的競爭性積累，逐步轉移為以「滿足基本需求與促進社會連帶」為核心的經濟體制，也才能貨真價實地將經濟置於社會的控制之下。

　　持平而論，本書擘畫的「參與式社會主義」的要素固然豐富，但仍至少有兩種反思的方向。首先，本書並沒有像萊特一樣，將各種不同的挑戰資本主義的方式加以分類，並評估其各自的效應及限制。舉例來說，萊特區分出五種反資本主義的策略邏輯（打碎、拆解、馴服、抵抗、逃離），並思考如何將不同的邏輯結合，以達到弱化資本主義的效果。更重要的是，萊特還討論了集體行動的問題：哪些行動者有潛力或機會促成這些變革？工人階級（以及其政治及經濟組織，包括政黨與工會）仍然是最重要的集體行動者嗎？比較可惜的是本書在這方面的討論明顯不足。

　　其次，本書對生態問題的著墨相當有限。但面臨迫在眉睫的生態危機，我們必須更加重視「棄成長」（degrowth）的思潮。2019 年，來自 153 國、超過一萬一千名科學家共同呼籲各國政府「從追逐 GDP 成長和財富，轉移到維持生態系統和增進人民福祉」；2020 年 5 月，希克爾（Jason Hickel）、蒙貝特（George Monbiot）、史坦伯格（Julia Steinberger）等一千餘名各國人士亦發表公開信〈棄成長：經濟新根源〉（Degrowth: New Roots for the Economy），提出五大訴求：（1）將生活（生命）置於經濟體系的核心；（2）澈底重估要多少工作、什麼樣的工作，才能讓所有人過好的生活；（3）社會的運作原則應該是提供基本的產品與服務；（4）使社會更加民主化；（5）讓政治與經濟體系建立在團結原則之上。我認為，任何嚴肅的「社會主義」方案，未來都必須積極與這類「棄成長」的思潮對話，將人類的社會經濟組織模式置放在整個生態系統當中來思考，才有機會澈底擺脫追求經濟成長的盲目力量，也才能追求可長可久的自治與民主。

　　儘管本書在闡述「參與式社會主義」時有某些侷限，但也有顯而易見的長處，就是能夠將其制度倡議（如勞資共治、累進稅制、累進碳稅、公平教育、「民主平等券」、跨國正義）與既有的制度架構及長期的制度演變連結起來。這種誠懇的做法將有助於公共討論與溝通。就像作者所堅持的，我們只能透過「參與」和「審議」來逐步逼近公平正義，而這必然是漫長而艱辛的路程。